CRÉUSE L'ATHENIENNE,

TRAGEDIE;

REPRÉSENTÉE POUR LA PREMIERE FOIS
PAR L'ACADEMIE ROYALE
DE MUSIQUE,

Le Mardy cinquiéme jour d'Avril 1712.

A PARIS,
Chez CHRISTOPHE BALLARD, seul Imprimeur du Roy
pour la Musique, ruë S. Jean de Beauvais, au Mont-Parnasse.

M. DCC XII.
Avec Privilege de Sa Majesté.
LE PRIX EST DE TRENTE SOLS.

AVERTISSEMENT.

EURIPIDE a traité ce Sujet sous le titre d'Ion, & d'aprés une tradition reçûë dans toute l'Ionie. Erectée, Roy d'Athénes avoit eû d'un premier mariage Creuse ; & d'un second, un Prince qui disparût dans un naufrage. Creuse, heritiere de l'Empire dédaignoit les vœux des Rois ; mais elle se rendit à un Dieu. De ses amours avec Apollon il nâquit un Fils, qui fut exposé, & élevé dans le Temple de Delphes. Il en étoit devenu le Ministre, lorsqu'Erectée fut averty dans un songe, qu'il retrouveroit à Delphes un Fils & un Successeur. Il y alla avec Creuse & sa Cour. Il se flattoit que le Prince qu'il avoit pleuré, étoit sauvé des flots, il crût l'avoir retrouvé, quand il apprit de l'Oracle, que le Sacrificateur étoit le reste de son sang & l'heritier de son Trône. Creuse n'en voulût croire ni son pere ni l'Oracle. Elle avoit esté assurée par Apollon qu'elle reverroit bien-tôt son fils, & elle aspiroit à lui conserver la couronne d'Athénes. Elle sçavoit par les Parques même que celuy qu'on luy donnoit pour son frere ne l'étoit point, & elle le haïssoit comme un imposteur. Cependant elle sentoit souvent sa haine combatuë par des mouvements inconnus. Elle le vit enfin couronner Roy d'Athénes ; alors le desespoir la détermina à le faire

AVERTISSEMENT.

empoifonner dans un facrifice : Mais la pitié arrêta fa vangeance fur le point de l'achever, & lui fit reconnoître un fils dans celui qu'elle croïoit le plus cruel ennemi de fon fils.

Ainfi fe découvre le veritable fens de l'Oracle, fans en contrarier les termes. Le Sacrificateur n'eft pas moins le fang d'Erectée, comme fon petit-fils, que comme fon fils, & Creufe jufqu'à la reconnoiffance eft dans une erreur involontaire, toûjours coupable malgré elle, ce qui peut rendre fon caractere intereffant.

On a fubftitué le Rolle du pere de Creufe à celui de l'époux qu'introduit Euripide. Dans la Tragedie Grecque, le Roy d'Eubée n'ayant point d'enfans de Creufe fon époufe, va confulter l'Oracle qui lui répond que le premier qu'il rencontrera dans le Temple eft fon fils. Un jeune Sacrificateur fe prefente à lui; le Roy fe fouvient auffi-tôt qu'il a eû d'une efclave un fils naturel, & que ce peut être celui-là que lui rendent les Dieux. Il n'eft détrompé qu'à la fin de la Piece, lorfqu'Apollon découvre tout le miftere de fon intrigue avec Creufe. Un pareil éclairciffement fur le Théatre, auroit fans doute embaraffé l'Epoux. Il a fallu changer cet incident, auffi-bien que le nom d'Ion, qui n'étoit fondé que fur les termes bizares de l'Oracle.

Phorbas & Ifmenide font des Epifodes qu'on a crû neceffaires à l'action.

PERSONNAGES DU PROLOGUE.

LA FABLE,	Mademoiselle Poussin.
L'HISTOIRE,	Mademoiselle Dulaurier.
APOLLON,	Monsieur Buzeau.
Une Driade.	Mademoiselle Linbour.
Un Silvain.	Monsieur Deshays.

Noms des Actrices & des Acteurs, chantants dans les Chœurs du Prologue, & de la Tragedie.

SECOND RANG.		PREMIER RANG.	
MESDEMOISELLES			
Linbour.	Du Laurier.	Dekerkof.	Dulaurent.
Guillet.	Tetlet.	Loignon.	Boisé.
d'Hucqueville.		Basset.	Billon.
MESSIEURS			
Juliard.	Alexandre.	Dun-Fils.	Flamand.
Le Jeune.	Morand.	Paris.	Corbin.
Lebel.	Devillier.	Thomas.	Renard.
Deshayes.	Duplessis.	Corby.	La Vigne.
Cadot.	Verny.	Courteil.	Desouche.
Renard.			

DIVERTISSEMENT DU PROLOGUE.

SUIVANTS DE LA FABLE, & de L'HISTOIRE.

Mademoiselle Prevost.

Messieurs Javilier, & Favier.
Mesdemoiselles Mangot, & Dufresne.

Mademoiselle Guyot.

Messieurs P-Dumoulin, & Dangeville.
Mesdemoiselles Maugis, & Isec.

APPROBATION.

J'AY lû par ordre de Monseigneur le Chancelier, CREUSE, Tragedie ; & je n'y ay rien trouvé qui en doive empescher l'Impression. Fait à Paris ce premier Avril 1712. Signé, FONTENELLE.

On vend le Recueil général des Paroles des Opera, en neuf Volumes In-12. ornez de Planches.   18. liv.
Et les deux derniers Volumes separez, chacun 2. liv.

PROLOGUE.

PROLOGUE.

Le Théatre représente les jardins du Palais de la Fable ; on voit entre les Arbres, des trophées formez des attributs de toutes les Divinitez, & les Heros fabuleux endormis.

SCENE PREMIERE.
LA FABLE.

Able, helas ! pouvois-tu le croire ?
Tu vois tes honneurs abolis.

Quoy ! la Terre & les Cieux par tes soins embellis
De l'outrage des tems ne sauvent point ta gloire ?
Dans le sommeil ensevelis
Tes Heros ont laissé détruire leur memoire.

Fable, helas ! pouvois-tu le croire ?
Tu vois tes honneurs abolis.

CREUSE,
Dans mon obscurité je ne languiray plus.
   Arbres épais, laissez voir vos Dryades;
Ruisseaux qui murmurez, que vôtre bruit confus
   Cede aux soûpirs de vos tendres Nayades;
Que l'Aurore en ces lieux répande encor des pleurs,
Que Flore & les Zephirs paroissent sur les fleurs.

Les Arbres s'ouvrent, on en voit sortir des Dryades dansantes, & des Silvains joüant de la Flûte.

CHOEUR des DRYADES & des SILVAINS.
   Regnez aimable Enchanteresse,
Regnez Fable, regnez tout seconde vos vœux,
   Vous réünissez dans les jeux
   Et la surprise & la tendresse.

UNE DRYADE.
   Le Dieu d'Amour nous fait grace
   Des peines & des soûpirs,
   Et rien ne nous embarasse,
   Que le choix de nos plaisirs.

UN SILVAIN.
   Est-il permis
   De vous défendre?
Les Amants sont des ennemis
Qui vous attaquent pour se rendre.

   Aimons tous;
   C'est le bien suprême;
   A le goûter il devient plus doux:
   L'Amour luy-même
S'il n'en étoit l'Auteur, en deviendroit jaloux.

PROLOGUE.
LA DRYADE.

*Livrez-vous à la tendreße,
Ne craignez plus d'aimables nœuds:
Voyez ceux que l'amour bleße,
Vous voudrez être heureux
Comme eux.

LA FABLE.

Dieux qui me devez la naißance,
Accourez à ma voix;
Heros, reveillez-vous, rapellez vos exploits,
Que des charmes nouveaux signalent ma puißance.

Les Herós se reveillent & combattent.

On entend un bruit de Trompettes.

LA FABLE.

Quels sons bruyans! quel vif éclat nous luit,
L'Histoire ma Rivale en ces lieux me poursuit.

CREUSE,

SCENE DEUXIÉME.

LA FABLE, L'HISTOIRE, accompagnée des quatre âges & d'une Troupe de Heros.

L'HISTOIRE.

Esperez-vous encor imposer aux Humains ?
Sur leur credulité vôtre gloire se fonde ;
 Ils écoûtoient vos songes vains
 Au tems de l'enfance du monde.

LA FABLE.

C'est par moy que les Dieux ont esté respectez ;
J'ay formé les Mortels à des vertus nouvelles,
 J'ay seule inventé les modeles,
 Que vos Heros ont imitez.

L'HISTOIRE.

 Ces Phantômes que vous vantez,
Doivent fuïr d'un spectacle où la raison préside :
L'Histoire seule y doit faire briller ses traits.

LA FABLE.

La verité vous gêne en vous servant de guide ;
Mais plus libre que vous j'embellis les portraits,
 Je leur ajoûte des attraits,
Qui naissent rarement sous vôtre main timide.

L'HISTOIRE.

J'apperçois Apollon, qu'entre nous il decide.

SCENE TROISIÉME.
LA FABLE, L'HISTOIRE, APOLLON.

APOLLON.

Des spectacles charmans sçavantes Souveraines,
Je veux voir aujourd'huy vos appas réünis ;
De CREUSE autrefois mon cœur porta les chaînes,
Entre tous vos Heros je reconnois son Fils,
L'Histoire l'a placé parmy les Rois d'Athénes.

Aimables Sœurs, joignez tous vos attraits,
Que son nom par vos soins soit celebre à jamais.

LA FABLE & L'HISTOIRE.

Joignons tous nos attraits,
Que son nom par nos soins soit celebre à jamais.

CHOEURS.

Triomphez aimables Jeux,
Faites regner l'Amour, que l'Amour vous inspire.

Que mille voix celebrent son empire,
Que mille cœurs sentent ses feux.

Triomphez aimables Jeux,
Faites regner l'Amour, que l'Amour vous inspire.

FIN DU PROLOGUE.

ACTEURS DE LA TRAGEDIE.

ERECTÉE, *Roy d'Athénes*, Mʳ Hardoüin.
CRÉUSE, *Fille d'Erectée*, Mᵉˡˡᵉ Journet.
IDAS, *Fils inconnu de Creuse & d'Apollon*, Mʳ Cochereau.
ISMENIDE, *Amante d'Idas*, Madame Pestel.
PHORBAS, *Roy des Phlegiens, Amant d'Ismenide*, Monsieur Thevenard.
LA PYTHIE, Monsieur Chopelet.
LACHESIS *une des Parques*, Monsieur Mantienne.
LA FURIE TYSIPHONE, Monsieur Lebel.

Troupe de Prêtres & Prêtresses d'Apollon.

Troupe de Peuples de Delphes & d'Athénes.

Troupe de Bergers & de Bergeres.

Troupe de Demons.

Troupe de Prêtres & Prêtresses de l'Hymen.

La Scene est à Delphes.

PERSONNAGES DANSANTS
de la Tragedie.

PREMIER ACTE.

PRESTRES ET PRESTRESSES D'APOLLON.
Mademoiselle Guyot.
Messieurs Ferand, Germain, Dumoulin-L., Marcel, Javillier, & Gaudrau.
Mesdemoiselles Chaillou, Lemaire, Maugis, Beaufort, Haran, & Isec.

SECOND ACTE.

PEUPLES D'ATHENES ET DE DELPHES.
Mademoiselle Prevost.
Messieurs Germain, Dumoulin-L., F-Dumoulin, P-Dumoulin, & Gaudrau.
Mesdemoiselles Chaillou, Maugis, Lemaire, Haran, & Isec.

TROISIÉME ACTE.

BERGERS ET BERGERES.
Mademoiselle Prevost.
Messieurs Marcel, Favier, Gaudrau, & Pieret.
Mesdemoiselles Lemaire, Maugis, Isec, & Dauflise.
Mademoiselle Guyot.
Messieurs Germain, Ramau, Dumoulin-L., & Javilier.
Mesdemoiselles Chaillou, Dufresne, Mangot, & Haran.
UN PASTRE.   Monsieur F-Dumoulin.

QUATRIEME ACTE.

MAGICIENS ET DEMONS.

Monsieur Blondy.

Messieurs F-Dumoulin, P-Dumoulin, Dangeville, Marcel, Gaudrau, Javilier, Favier, Pieret, & Ramau.

CINQUIEME ACTE.

PRESTRES, & PRESTRESSES DE L'HYMEN.

Monsieur D-Dumoulin.

Monsieur Dumoulin-L., & Mademoiselle Chaillou.

Messieurs Germain, Gaudrau, P-Dumoulin, & Dangeville.

Mesdemoiselles Lemaire, Beaufort, Harang, & Isec.

CRÉUSE,
TRAGEDIE.

ACTE PREMIER.

Le Théatre représente le Vestibule du Temple d'APOLLON, avec des allées de lauriers, des Statuës & Bas-reliefs qui représentent les principales actions de ce Dieu.

SCENE PREMIERE.
ERECTE'E, CREUSE.

ERECTE'E.

'Un Sacrificateur on va faire le choix,
Ma Fille icy les Dieux parleront par sa voix :
Du destin de mon fils l'Oracle va m'instruire.
CREUSE.
D'un vain espoir vous vous laissez séduire,
Pensez-vous que les morts reviennent des enfers ?
Ce Prince avec sa mere a pery dans les mers.

A

CREUSE, ERECTÉE.

Un Dieu n'a-t-il pas pû le sauver du nauffrage ?
Juge enfin, si j'en crois un frivole présage.

Dans le silence & l'ombre de la nuit,
J'ay vû briller une clarté plus belle
Que l'Astre qui nous luit.

J'ay vû les Cieux s'ouvrir. Une main immortelle
Présentoit un Heros à mes regards surpris,
A la beauté du Dieu la sienne étoit pareille,
Il baignoit de ses pleurs mes genoux affoiblis,
Au même instant ces mots ont frapé mon oreille,
Cours à Delphes, les Dieux doivent t'y rendre un fils.

CREUSE.

Un songe n'est souvent qu'une image infidelle
Que la verité détruit.

Enfant de la nuit,
Il est obscur comme elle.

Un songe n'est souvent qu'une image infidelle
Que la verité détruit.

ERECTÉE.

Sans cesse à mes esprits cet Objet se retrace,
Il me suit, je le vois, je luy parle, il m'embrasse.
Apollon, confirmez ces présages heureux,
Je vais au temple...Vous, joignez-vous à mes vœux.

SCENE DEUXIÉME.
CREUSE.

Toy que par son encens la terre icy revére,
    N'attens de moy que des pleurs & des cris.
Quoy ! le sang ennemy, le fils d'une étrangere,
Par toy se placeroit au trône de mon pere.
Apollon, à mes feux reservois-tu ce prix ?

    Mes yeux ce n'est plus à vos charmes
    A demander grace pour moy.
    L'Ingrat qui me donna sa foy
    Me fait languir dans les allarmes.
    Mes yeux ce n'est plus à vos charmes
    A demander grace pour moy.

    Ah ! si l'Amour vous refuse ses armes,
    Pour le ramener sous ma loy,
Ne peut-il pas au moins luy presenter mes larmes ?
    Mes yeux, &c.

Triste & cher souvenir d'une flâme trop belle....
    Que l'on doit plaindre une foible mortelle,
    Lorsque des Dieux en sont épris !
Apollon, ce n'est plus pour moy que je t'implore,
    C'est pour ton sang, c'est pour ton fils.
Depuis qu'on l'exposa, ne m'as-tu pas promis
    Que je le reverrois encore ?
Fai qu'il regne en ces murs que Minerve a bâtis.

SCENE TROISIÉME.

ERECTE'E, CREUSE, ISMENIDE, IDAS,
Troupes de Prêtres & de Prêtresses d'APOLLON.

ISMENIDE.

DAns ce séjour la crainte & l'esperance
Du bout de l'Univers amenent les mortels:
Mais l'Oracle s'obstine à garder le silence,
Le Dieu semble exiger de nôtre obeïssance,
Qu'un Ministre nouveau serve icy ses Autels.
C'est Idas que je nomme, Idas de qui l'enfance
  Elevée en ces lieux
Luy promet un cœur pur, tel qu'en veulent les Dieux.

Peuples, vôtre bonheur est le soin qui m'inspire:
Que le grand Apollon vous protege toûjours:
Au reste des Humains s'il donne de beaux jours;
  Qu'il en prodigue à cet empire!

IDAS.

Je reçois des honneurs qu'à peine j'ose croire:
  Reine, & vous ses heureux Sujets,
  Puisse Appollon par ses bienfaits,
  Vous payer de toute ma gloire!

TRAGEDIE.
CHOEUR.
Chantons le plus brillant des Dieux,
Celebrons ses bienfaits, reverons sa puissance,
Qu'il remplisse nôtre esperance,
Qu'il répande à jamais ses faveurs dans ces lieux.

IDAS.
Que Delphes toûjours fidelle
Joüisse d'un sort glorieux.

CHOEURS.
Que Delphes toûjours fidelle
Joüisse d'un sort glorieux.

IDAS.
Que l'Univers ne reçoive que d'elle
Les arrêts souverains des Cieux.

CHOEURS.
Que l'Univers ne reçoive que d'elle
Les arrêts souverains des Cieux.

IDAS.
Que d'une Reine si belle
Delphes suive long-temps les ordres precieux.

CHOEURS.
Que d'une Reine si belle
Delphes suive long-temps les ordres precieux.

CREUSE,
IDAS.

Les Dieux en sa faveur protegent cet empire.

PETIT CHOEUR.

Pour elle le Zephir s'arrête dans ces lieux.

IDAS.

Pour elle il adoucit l'air que l'on y respire.

Les Prêtres & Prêtresses d'Apollon donnent à IDAS les ornemens de grand Sacrificateur, & luy applaudissent par leurs danses.

IDAS, à ERECTE'E.

A vos desirs rien ne fait plus obstacle,
J'iray sur vôtre sort interroger l'Oracle.

SCENE QUATRIÈME.

ISMENIDE, IDAS.

IDAS.

REine, abaissez encor vos regards jusqu'à moy,
Ajoûtez aux bienfaits qu'aujourd'huy je reçoy
Celuy d'être attentive a ma reconnoissance.

ISMENIDE.

Le Ciel vous doit des destins glorieux,
Et quand ma main vous les dispense,
J'acquitte seulement les Dieux.

IDAS.

Helas ! s'ils sont jaloux de regner sans partage
Sur les cœurs des Mortels ;
Devroient-ils m'apeller au soin de leurs Autels ?
D'un cœur tel que le mien souffriront-ils l'hommage ?

ISMENIDE.

Quel crime à vôtre cœur pourroient-ils reprocher ?

IDAS.

Un crime, qui s'augmente à ne pas le cacher.

Devoré malgré-moy d'un amour temeraire,
Pour l'expier il faut me taire,
Et de ces lieux peut-être m'arracher.

ISMENIDE.

Pourquoy fuïr ? quel objet vous tient sous son empire ?

IDAS.

Ce n'est qu'à vous que je crains de le dire.

ISMENIDE.

Croiray-je cet Objet peu digne de vos vœux ?

IDAS.

S'il l'étoit moins je serois plus heureux.

Rien ne peut meriter la Beauté qui m'enchaîne,
L'Univers la voudroit avoir pour souveraine ;
Mes soûpirs enflammez la suivoient en tous lieux ;
A mes transports toute autre qu'une Reine
 Eût reconnu l'ouvrage de ses yeux.

Mon crime est declaré, prononcez-en la peine.

ISMENIDE.

J'estimois vos vertus, & je ne pensois pas
Que j'aurois dès ce jour à me plaindre d'Idas.

IDAS.

 Ah ! vôtre gloire m'est trop chere
Pour ne pas la venger sur un infortuné.
Qui suis-je, helas ! pour pretendre à vous plaire ?
A moy-même inconnu, par les Dieux condamné,
En naissant exposé dans un bois solitaire,
Et par un vil Pasteur à Delphes amené,
 Sçais-je de quel sang je suis né ?
Peut-être tremblerois-je à connoître mon pere.

ISMENIDE.

TRAGEDIE.
ISMENIDE.

A de tristes soupçons cessez de vous livrer.

Peut-être vos craintes sont vaines,
Ce Pasteur en mourant, osa vous assurer
Qu'un beau sang couloit dans vos veines.

IDAS.

Hé ! quand j'aurois reçû le Sceptre avec le jour,
Me pardonneriez-vous l'excés de mon amour?

Un Roy fameux vous rend les armes,
Il est favorisé par le Dieu des enfers ;
Mais l'éclat de son rang, le pouvoir de ses charmes
Ne sçauroient soulager ses fers.

ISMENIDE.

Pour charmer l'Objet qu'on adore,
Tout l'art magique ne peut rien :
L'Amour ne veut pas qu'on implore
Un autre pouvoir que le sien.

IDAS.

Ah ! si l'Amour servoit l'Amant le plus fidelle ! ..

ISMENIDE.

Je vous quitte... Erectée au Temple vous appelle.

CREUSE,

SCENE CINQUIÉME.
IDAS.

Elle fuit... Malheureux, que faut-il que je faße?
Ses bienfaits devoient-ils élever mon audace?
Ma bouche, à l'offenser devois-tu consentir?
  Mon crime est indigne de grace;
Mais je ne puis forcer mon cœur au repentir.

FIN DU PREMIER ACTE.

ACTE SECOND.

Le Théatre représente l'Antre de la PYTHIE avec le Trepié sacré, les Arcades percées à vases, & les Dons que l'on offroit à l'Oracle.

SCENE PREMIERE.
ISMENIDE, PHORBAS.

PHORBAS.

'En doutez plus, je vais vous épargner
Le spectacle odieux de ma douleur extrême:
Phorbas va tâcher de regner
Sur ses Sujets, & sur luy-même.

ISMENIDE.
Le temps & la raison ont-ils sçû vous guerir?

PHORBAS.
Helas! est-il possible?
Pensiez-vous que mon cœur à force de souffrir
Pourroit devenir moins sensible?

CREUSE,

L'Amour en maux cruels a changé mes langueurs;
J'ay vû vôtre fierté croître avec ma tendresse,
   Et vous me reduisez sans cesse
   A regreter vos premieres rigueurs.

ISMENIDE.

Lorsque de mes Etats vous prites la défense,
Et que mes Ennemis furent humiliez,
   J'ignorois jusqu'où vous vouliez
   Etendre ma reconnoissance.

Dois-je me repentir, Seigneur, de trop devoir
   Aux efforts de vôtre courage?

PHORBAS.

Rapeller mes exploits, c'est me faire un outrage,
   J'eûs tort d'y fonder quelque espoir.

   Lorsque pour vous j'ay pris les armes;
Ah! que n'ay-je pery dans l'horreur des combats!
   J'aurois esperé que vos larmes
   Auroient honoré mon trépas.

ISMENIDE.

   Cessez un reproche si rude;
Eh! que vous sert l'aveu de mon ingratitude?

TRAGEDIE.

PHORBAS.

Il devroit me servir du moins à vous haïr.
Ah! que mon cœur ne peut-il m'obeïr?

Quand les Mortels vous font la guerre,
Dieux, il n'est pas besoin de les priver du jour:
Au lieu de les punir par les feux du tonnerre,
N'allumez que les feux d'un malheureux amour.

D'un malheureux amour conservez la memoire,
Vous apprendrez bien-tôt ma mort:
Heureux encore si mon sort,
D'un Rival preferé n'augmente pas la gloire.

Le seul nom de Rival commence à vous troubler.
Parlez.... Ne cherchez plus à feindre.

ISMENIDE.

Si j'avois fait un choix, qui pourroit me contraindre
A le dissimuler?

PHORBAS.

Vous auriez tout à craindre.
Je punirois son ardeur;
Dans son sang j'irois l'éteindre:
Si c'étoit pe de ma valeur,
J'armerois les enfers & toute leur fureur.

B iij

CREUSE.

Reine, vous fremissez.... Ah! vous étes coupable

ISMENIDE.

Laissez-moy, ma presence irrite vôtre ennuy.

PHORBAS.

De quels coups ta fierté m'accable!
Menacer mon Rival, c'est t'atendrir pour luy.

SCENE DEUXIÉME.
ISMENIDE, CREUSE.

ISMENIDE.

J'Ay devancé vos pas.... Enfin voicy le jour,
Qui d'un frere si cher vous promet le retour.
Mais, quoy! quelle douleur me faites-vous paraître?

CREUSE.

Vous regnez. Dans le rang où le Ciel vous fit naître,
   Je vous crois un assez grand cœur,
   Pour penser avec quelle horreur
   Creuse recevroit un maître.

ISMENIDE.

Un frere! est-ce un tyran dont on craigne les loix?

CREUSE.

Mon frere dans les flots a perdu la lumiere :
Mais vous ne sçavez pas quels malheurs je prévois;
Je crains que sous un nom trop aimé de mon pere
Un imposteur ne monte au trône de nos Rois.

SCENE TROISIÉME.

ERECTE'E, IDAS, ISMENIDE, CREUSE, ET LES CHOEURS.

IDAS, & ERECTE'E.

Dieu puissant que Delphes revére,
Des secrets du Destin heureux dépositaire,
Répondez à nos cris,
Satisfaites un Roy sur le sort de son fils.

CHOEURS.

Dieu puissant que Delphes revére,
Des secrets du Destin heureux dépositaire,
Répondez à nos cris,
Satisfaites un Roy sur le sort de son fils.

SCENE IV.

TRAGEDIE.

SCENE QUATRIÉME.

LA PYTHIE, & les Acteurs de la Scene précedente.

TRansports divins, je sens toute vôtre puissance,
Apollon est present je tremble à son aspect,
Torrens, ne coulez plus ; Vents, gardez le silence,
Et toy Terre, fremy de crainte & de respect.

O Roy trop fortuné, le Ciel finit tes peines,
Reconnois de ton sang le reste precieux,
Le Sacrificateur du plus brillant des Dieux,
Idas, est l'heritier de l'empire d'Athénes.

ERECTE'E.

Venez, mon Fils... Le sort m'a payé des regrets
    Que vous coûtiez à ma tendresse,
C'est vous, je reconnois ces traits, ces mêmes traits
Qu'en mes songes le Ciel me presentoit sans cesse.

IDAS.

Quoy ! Seigneur, c'est en vous un Pere que je voy,
... ... destin, mais j'oseray le croire
... ... ay de soûtenir la gloire
... ... je reçoy.

CREUSE,
ERECTÉE.

Le choix des Dieux vous donne un Roy,
Chantez, marquez-luy vôtre zele :
C'est luy que le sort appelle
Pour vous donner la loy.

LE CHOEUR.

Le choix des Dieux nous donne un Roy,
Chantons, marquons-luy nôtre zele :
C'est luy que le sort appelle
Pour nous donner la loy.

On danse.

ISMENIDE.

Joüissez des faveurs que le Ciel vous dispense.
J'osay vous présager une illustre naissance,
Et j'ay donné l'exemple aux Dieux
D'honorer des vertus qui m'ont frapé les yeux.

ERECTÉE.

Venez au temple, venez-tous
Assûrer Apollon de ma reconnoissance.

CREUSE.

Reine, je sçais ce qu'il faut que je pense
Du Sacrificateur, de l'Oracle & de Vous.

SCENE CINQUIÉME.
CREUSE.

Dieux, est-ce-là le sort que j'avois attendu!
 Aux mains d'un Inconnu déja je vois Athénes,
 Et mon fils & moy dans les chaînes...
  Mon fils, sois à jamais perdu,
Plûtôt que de venir partager cet outrage....
Que dis-je ? vien reprendre un sceptre qui t'est dû,
Vange-nous... Non, sa mort doit être mon ouvrage.
Il sçait plaire à la Reine, il commande en ces lieux,
 Et l'on abuse icy du nom des Dieux.

Dieux, je vais vous vanger.... Quelle fureur m'anime?
 Et pour qui me charger d'un crime
Jusqu'à ce que mon fils reparoisse à mes yeux ?....

Arbitres de nos jours, Parques, je vous implore,
Soûlagez les transports dont mes sens sont saisis :
Sçachons si sur ses bords le Stix retient mon fils,
Ou si pour luy vôtre main file encore.

Le sort de Meleagre à sa mere agitée
 Fût annoncé par vôtre voix,
Que j'obtienne de vous ce qu'en obtint Altée,
Du secret des Enfers osez rompre les loix.

Arbitres de nos jours, &c.

SCENE SIXIÉME.

CREUSE, LACHESIS.

LACHESIS.

CReuse, aux sombres bords tes cris ont penetré,
       Idas n'est point ton frere,
     Ton fils joüit encor de la lumiere,
Le reste est un secret des Parques ignoré.

CREUSE.

Mon fils respire! Idas n'est donc qu'un imposteur.
Vangeons-nous : Rien ne peut rallentir ma fureur....
Ciel! il s'offre à mes yeux ! Quel dessein le rameine?

SCENE SEPTIÉME.

CREUSE, IDAS.

IDAS.

MA Sœur, dois-je en croire la Reine ?
Vous soupçonnez déja ma foy.
Si ma grandeur m'attiroit vôtre haine,
Qu'elle seroit triste pour moy !

CREUSE.

Me crois-tu destinée à vivre ton esclave ?

IDAS.

Qui peut causer le trouble où je vous voy ?

CREUSE.

Par sa fausse pitié le Perfide me brave.

IDAS.

J'esperois que le Ciel permettroit entre nous
Des noms plus tendres & plus doux.

CREUSE.

Veux-tu les meriter ? Vien, renonce à ton crime,
Viens au temple me rendre un trône qui m'est dû,
Que la Pythie y soit ma premiere victime,
Déments l'Oracle faux que sa voix a rendu.

IDAS.

Je ne connoissois pas ce qu'un trône a d'aimable,
Des honneurs moins brillans pouvoient me contenter:
 Par un artifice coupable
 Aurois-je voulu l'acheter ?

CREUSE.

Un cœur qui connoît mieux ce que vaut un empire,
Peut-être à ta grandeur s'est plus interessé.
 La Reine...

IDAS.

  Qu'osez-vous me dire ?

CREUSE.

Tu la défends d'un air trop empressé.

IDAS.

Ciel ! à quelles peines m'exposent
Les droits & l'éclat de mon rang !
A la seule douleur que vos plaintes me causent
 Reconnoissez les nœuds du sang.

TRAGEDIE.
CREUSE.

Non, tu n'es point mon frere,
Je le ressens à ma juste colere.

Nouveau Ministre d'Apollon,
Tu peux comme il te plaît, faire parler l'Oracle,
Tu n'attendois qu'un si grand nom
Pour faire un crime sans obstacle.

Mais, ne me vangeray-je pas?
Je vais dans tous les cœurs faire parler mes larmes
Reveiller de Phorbas les jalouses allarmes,
Et demander ta vie à tant de bras...

IDAS.

Contre un ennemy redoutable
Je sçauray défendre mes jours ;
Mais, vous, si vous voulez en terminer le cours,
Vous pouvez contenter vôtre haine implacable,
A voir couler mon sang vous le connoîtrez mieux,
Frapez.... Vous détournez les yeux.

CREUSE.

Qui moy! que ma main te punisse!
A peine sçais-je, helas! si je veux ton supplice.
Je ne me connois plus. Un sort injurieux
Veut-il donc qu'à tes loix mon cœur s'assujetisse?

IDAS.

Les Dieux me sont témoins....

CREUSE.

     La nature, les Dieux
Tout veut que mon cœur te haisse....

CREUSE.

Apollon, Apollon fay perir l'Imposteur,
Lance sur luy tes traits... Conserve-moy l'empire.
Atten.... Qui peut suspendre ma fureur ?
Lâche pitié, qu'avez-vous à me dire
Pour un Cruel qui me perce le cœur.

IDAS.

Suivons-là. Que je souffre un rigoureux martyre !

FIN DU SECOND ACTE.

ACTE III.

ACTE TROISIÉME.

Le Théatre représente un lieu champêtre, orné pour celebrer la féte d'Apollon Berger. On voit des arbres isolez, & des Amphiteatres de gazon.

SCENE PREMIERE.

ISMENIDE.

Tendres Soûpirs que j'ay voulu contraindre,
Eclatez, voicy vôtre jour.
Nous offensons autant l'amour
A cacher nos ardeurs qu'à les vouloir éteindre.

Quand le calme à mon cœur sera-t-il donc rendu?
Mon Amant est comblé de gloire,
Ah! n'ay-je point trop attendu
A luy declarer sa victoire?

Eclatez, voicy vôtre jour,
Tendres soûpirs, &c.

D

SCENE DEUXIÉME.
ISMENIDE, IDAS.

ISMENIDE.

EN l'honneur d'Apollon, quels jeux ordonnez-vous?
IDAS.
Je croyois deformais n'avoir de vœux à faire
   Qu'au tendre Amour & qu'à sa mere.
Creuse à ma grandeur oppose son courroux,
L'Ambitieuse en moy ne veut point voir un frere,
J'attens que le Dieu parle, & qu'il juge entre nous.
ISMENIDE.
   Par une voix sage & fidelle
   Le Ciel a prononcé ses loix,
   Faut-il subir une épreuve nouvelle,
Faut-il tenter les Dieux une seconde fois?
IDAS.
On ose m'accuser d'une noire imposture,
Le Peuple Athénien se souleve, il murmure.
ISMENIDE.
   Est-ce au Peuple à nommer ses Rois?
IDAS.
Non, vous ne sçavez pas jusqu'à quel point m'offense
Le soupçon que sur moy l'on commence à jetter.
   Si de l'èclat de ma naissance
   Un seul moment il vous laissoit douter.
ISMENIDE.
   J'eûs trop de plaisir à le croire.
IDAS.
L'amour d'un Inconnu blesseroit vôtre gloire.

TRAGEDIE.

Si j'implore la faveur
De nôtre Dieu tutelaire,
C'est moins pour m'assurer la suprême grandeur,
Que pour meriter de vous plaire.
Non, vos fers ne sont destinez
Qu'à des esclaves couronnez.

ISMENIDE.

Helas ! pourquoy le Ciel prend-t-il le soin luy-même
De couronner l'Objet de mon ardeur ?
Que je perds un plaisir extrême,
Je voulois qu'à moy seule il dût tout son bonheur.

IDAS.

A quels transports mon ame s'abandonne !
Quel sort plus charmant & plus doux !
Quand je vous donnerois la plus belle couronne,
Je penserois encor la recevoir de vous.

ISMENIDE.

Vous regneriez du moins sans envie, & sans crainte,
Si mon empire seul vous étoit presenté.

IDAS.

Vous approuvez l'amour dont mon ame est atteinte ;
Contre les coups du sort je suis en sureté.

ENSEMBLE.

Vole Amour, vien nous défendre,
Fay regner le calme en nos cœurs :
Aux plus tendres Amants si tu dois tes faveurs,
N'avons-nous pas droit d'y pretendre ?

ISMENIDE.

J'entens d'aimables sons, les jeux vont commencer.
Je vois vôtre sœur s'avancer.

SCENE TROISIÉME.

CREUSE, ISMENIDE, IDAS, BERGERS, BERGERES, deux CHOEURS qui se répondent.

Apollon dans ces lieux vous nous rassemblez tous.
 Ecoûtez nos Chansonnettes,
 Nos tendres Musettes ;
 Nous tenons de vous
 Leurs sons les plus doux.
 Nos bois nos retraites
 Pour vous étoient faites,
 Content parmy nous,
 Du sort en courroux
 Vous braviez les coups.
 Content parmy nous,
Du celeste séjour vous n'étiez point jaloux.

DEUX BERGERES.

 Aimons toûjours ces Bocages,
 Apollon les a cheris.
 L'Amour, sous ces verds ombrages
 Cache les Jeux & les Ris.

 Qu'au doux murmure de l'Onde,
 Les oyseaux joignent leurs chants,
 Qu'icy l'Echo ne réponde
 Qu'aux soûpirs des cœurs contents.

On danse.

TRAGEDIE.

IDAS

Apollon, je t'implore aujourd'huy pour moy-même ;
Reconnoy cette voix dont les premiers accens
  Ont celebré ta puissance suprême.
Je t'offris des Mortels les vœux les plus pressans ;
  Mais je t'implore aujourd'huy pour moy-même.

Tu perdis quelque temps les droits de ta naissance,
  Et l'on me dispute les miens :
Pour ne pas voir mes maux avec indifference,
  Rappelle-toy les tiens.

CHOEUR.

  Descendez, icy-bas
  Divinité puissante,
  Descendez, ne trompez pas
  Nos vœux & nôtre attente.
  Divinité puissante,
  Descendez, icy-bas.

CREUSE,
à IDAS & au CHOEUR.

Vous attendez trop long-temps sa presence....
Apollon, c'est à moy d'expliquer ton silence.

SCENE QUATRIÉME.
ISMENIDE, IDAS.
ISMENIDE.

SUivez ses pas, craignez qu'aux cœurs de vos sujets
Elle n'aille porter la fureur qui l'inspire.
IDAS.
Je crains bien plus que ses projets,
Tout ce que contre moy la Gloire peut vous dire.
Qu'attendre aprés l'affront que j'endure à vos yeux ?
ISMENIDE.
Mon cœur ne dépend pas des réponses des Dieux.

SCENE CINQUIÉME.
ISMENIDE, PHORBAS.
PHORBAS.
IDas espere-t-il de regner dans Athénes ?
ISMENIDE.
Ces titres glorieux sont-ils donc effacez ?
PHORBAS.
Quoy ! Princesse, Apollon a paru dans ces plaines,
Et tous les soupçons sont passez.
ISMENIDE.
L'Oracle, la Pythie a parlé, c'est assez.
PHORBAS.
Tu ne te trompois pas, Creuse.
Cet Oracle fatal, Idas la sçû dicter,
Le suffrage nouveau, qu'Apollon luy refuse,
Suffit pour ne plus en douter.

TRAGEDIE.
ISMENIDE.

Sa Sœur le hait, le craint, & veut luy faire injure.

PHORBAS.

Croyez-vous le connoître mieux?
Tout le condamne icy, le Ciel & la nature.
Ah! c'est donc l'amour seul qui vous ferme les yeux.

ISMENIDE.

L'amour!...

PHORBAS.

J'en ay penetré le mistere.
Mon cœur à ce revers n'étoit pas preparé.
Dans le rang où je suis je ne soupçonnois guere
  Le Rival qui m'est preferé.

Pour un Inconnu magnanime
On a vû quelquefois des Reines s'engager:
Mais d'un lâche Imposteur vous approuvez le crime,
  Et vous voulez le partager.

ISMENIDE

Par vos discours cessez de m'outrager.

PHORBAS.

C'est ton malheur, Ingrate, qui m'allarme.
Tu cheris ton erreur.... tremble, je vois le charme
  Prest à se dissiper.

ISMENIDE.

Ciel! dissipe l'effroy dont il vient me fraper.
Helas!...

CREUSE, PHORBAS.

Vous soûpirez, Princesse.
Ah! si c'étoit pour vôtre liberté!
Ah! si de vôtre cœur contre vous revolté
Vous vouliez seulement redevenir maîtresse!
Vous ne m'écoutez pas.
Et vous brûlez de rendre heureux Idas.

ENSEMBLE.

Il faut oublier une Ingrate,
Il faut enfin cesser d'aimer.
Par le dépit nôtre foiblesse éclate;
C'est redoubler ses maux au lieu de les calmer.

PHORBAS.

Eh bien; à mon bonheur mon ame étoit rebelle.
J'attens ce calme heureux que la raison rappelle.
Vôtre rigueur me sert contre tous vos attraits,
Et l'amour, de mon cœur arrache enfin ses traits.

Ils repetent le Duo, &c.

SCENE SIXIÉME.

PHORBAS.

JE dois dissimuler pour vanger mon outrage:
Qu'elle sçait peu le sort que luy garde ma rage!

FIN DU TROISIE'ME ACTE.

ACTE IV.

ACTE QUATRIÉME.
Le Théatre représente un Desert, & des Rochers escarpez.

SCENE PREMIERE.
PHORBAS.

Ejour affreux, dont le silence
Est si souvent troublé par de tristes accens,
Vous fit-on jamais confidence
De tourmens plus cruels que ceux que je ressens?
   Un Rival trop heureux engage
La sévere Beauté qui méprisa ma foy,
l'Hymen va les unir. Ah! j'en frémis d'effroy.
Répandons en ces lieux l'horreur & le carnage.
Vains projets! sans secours que me sert mon courage?
   Je ne puis me vanger en Roy.
Eh bien! chargeons l'enfer de vanger mon outrage.
Perissent par mon art les objets de ma rage,
Le coup est digne d'eux s'il n'est digne de moy.
   Séjour affreux, &c.

SCENE DEUXIÉME.
PHORBAS, CREUSE.
PHORBAS.

PRinceſſe, de ma haine implorez-vous l'appuy ?
Au nombre des vaincus nôtre Ennemy nous comte.
CREUSE.
Le Ciel devoit parler pour luy,
Le ſilence des Dieux l'avoit couvert de honte ;
Mais mon Pere aveuglé le couronne aujourd'huy.
ENSEMBLE.
Je perds la Beauté que j'aime,
Je perds la grandeur ſuprême :
De nos maux puniſſons l'Auteur,
La gloire, le dépit animent ma fureur.
PHORBAS.
Tremble odieux Rival, par mille barbaries
Je ſçauray t'ouvrir le tombeau.

Ah ! ſi pour toy l'Hymen allume ſon flambeau,
J'allumeray le flambeau des Furies.

Tremble odieux Rival, par mille barbaries
Je ſçauray t'ouvrir le tombeau.
CREUSE.
La colere qui vous enflâme
Me plaît trop pour la rallentir ;
Raſſurez, s'il ſe peut, mon ame
Contre l'horreur du repentir.

TRAGEDIE.
PHORBAS.
La fureur
Dans mon cœur
Regne en souveraine.
Suivez les transports
D'une juste haine ;
Chassez le remords
Que la crainte ameine ;
C'est une ombre vaine
Qui fuit aux moindres efforts.
CREUSE.
Je sens un trouble affreux que j'ay peine à contraindre.
PHORBAS.
La pitié pour Idas peut-elle vous troubler ?

Quand de ses ennemis on n'a plus rien à craindre,
La pitié pour eux peut parler ;
Mais il n'est pas temps de les plaindre,
Quand ils nous font trembler.
ENSEMBLE.
Je perds la Beauté que j'aime,
Je perds la grandeur suprême :
De nos maux punissons l'Auteur,
La gloire, le dépit animent ma fureur.
CREUSE.
Hatez-vous, preparez vos charmes les plus forts.
PHORBAS.
Je vais seconder vos transports.

SCENE TROISIÉME.

CREUSE.

CHer Inconnu, pour qui mes yeux
Ne cessent de verser des larmes;

Si tu joüis encor de la clarté des Cieux,
Hâte-toy de paroître, adoucy mes allarmes,
Vien, vien justifier & ta Mere & les Dieux.
Cher Inconnu, &c.

SCENE QUATRIÉME.

PHORBAS, CREUSE.

PHORBAS.

TOrrens qui coulez dans ces bois,
Arrêtez-vous à ma voix :
Que le Stix jusqu'icy fasse rouler son onde,
Que Cerbere me réponde,
Que le Ténare obeïsse à mes loix.

Ces arbres étonnez ébranlent leurs ombrages,
Mille vents enflâmez entraînent les nuages,
Je vois pâlir les celestes flambeaux,
La Nayade en tremblant se chache au fond des eaux.

SCENE CINQUIÉME.

PHORBAS, CREUSE, DEMONS.

CHOEUR.

Nous ne voyons point l'Aurore,
Nôtre empire est dans la nuit.
Le seul Soleil qui nous luit,
Est le feu qui nous dévore
Sans cesse nous gemissons
Dans les feux & dans les chaînes;
Mais ta voix suspend nos peines:
Parle, nous t'obeïssons.

PHORBAS.

Sur l'objet de ma haine épuisez vôtre rage.
Quels plaisirs plus charmans
Pour un Amant qu'on outrage,
Que les gemissemens
D'un Rival qui succombe aux plus cruels tourmens?

CHOEUR.

Faut-il qu'un monstre le dévore
Et désole en un jour ces climats odieux?

PHORBAS.

Apollon protege ces lieux.

CHOEUR.

Nous serons encore
Plus forts que les Dieux.

CREUSE,

PHORBAS.

Sur l'objet de ma haine épuifez vôtre rage,
    Quels plaifirs plus charmans
    Pour un Amant qu'on outrage,
    Que les gemiffemens
D'un Rival qui fuccombe aux plus cruels tourmens?

CHOEUR.

Que les foûpirs, que les cris, les allarmes
    Pour nous ont de charmes !
    Laiffons s'attendrir
    Une ame timide,
    Nôtre œil n'eft avuide
    Que de voir fouffrir.
A tes defirs les Enfers font propices,
    Choifi les fupplices.
    Voir un objet odieux
    Perir à fes yeux,
    C'eft goûter les délices
      Des Dieux.

PHORBAS, & CREUSE.

    Quelle vapeur nous environne,
    L'Enfer exauce nos fouhaits.

TRAGEDIE.

SCENE SIXIÉME.
PHORBAS, CREUSE, TYSIPHONE.

TYSIPHONE.

Creuse, c'est à toy que le sort l'abandonne.
On garde au fond de ton Palais
Le sang de la Gorgone,
Ce monstre que Pallas accabla de ses traits.
Son sang toûjours redoutable
Porte une mort inévitable.
Demons, apportez-nous ce funeste secours....

Deux Demons apportent le Vase qui renferme le sang de la Gorgone.

C'est assez, te voilà maîtresse de ses jours.

PHORBAS.

On va preparer pour Idas
La coupe nuptiale.
Que dans l'himen il trouve le trépas.
Volez, Demons, ne tardez pas,
Que je quitte avec vous cette terre fatale.

CREUSE,

SCENE SEPTIÉME.

CREUSE.

IL fuit... tout disparoît à mes regards surpris.
    Present si cher & si terrible,
Tu fais trembler ma main.... Reprenons mes esprits,
    Tu vas rendre mon sort paisible.

    Vaine pitié, que me veux-tu ?
    Cede à l'interêt qui m'anime,
    Tu ne l'as que trop combatu.
Pour le bonheur d'un Fils tout devient legitime ;
Ou du moins l'Univers avoüera que mon crime
    Eût sa source dans la vertu.

FIN DU QUATRIEME ACTE.

ACTE V.

ACTE CINQUIÉME.

Le Théatre représente le Temple d'Apollon, où tout est preparé pour le Mariage de la Reine & d'Idas. On voit un Autel sur lequel est la Coupe nuptiale.

SCENE PREMIERE.

CREUSE.

*Laisirs de la vangeance,*
Pourquoy me coûtez-vous des pleurs ?
Ne puis-je punir qui m'offense
Sans éprouver mille douleurs ?

Pourquoy me coûtez-vous des pleurs,
Plaisirs de la vangeance ?
Dieux, vôtre jalouse puissance
Veut donc se reserver des plaisirs si flateurs ?

F

CREUSE,
Les Mortels vous font violence
D'en vouloir avec vous partager les douceurs.
Pourquoy me coûtez-vous des pleurs,
Plaisirs de la vangeance ?

Ah ! mon juste couroux ne peut-être adoucy.
Du sang d'un ennemy nous devons être avuides
Qu'il meure, qu'il apprenne aux pâles Eumenides,
Que leur secours m'a réüssi.

Que dis-je… Je balance à prendre ma victime,
Pour rassurer mon cœur ; que n'ay-je icy Phorbas ?
Je frissonne, je tremble… Est-ce l'horreur du crime,
Ou d'autres sentimens que je ne connois pas ?

SCENE DEUXIÉME.

ERECTE'E, ISMENIDE, IDAS, CREUSE,
Le Grand Prêtre de l'Hymen, Peuples.

ERECTE'E, & le CHOEUR.

Que les doux plaisirs nous rassemblent,
Celebrons des Amants heureux :
Que tous leurs jours ressemblent
Au jour qui voit former leurs nœuds.

On danse.

IDAS, & ISMENIDE.

Soleil, pour m'écoûter arrête dans les Cieux.
Des plus belles ardeurs tu vois brûler nos ames ;
Que ta clarté se dérobe à nos yeux,
Quand nos cœurs éteindront leurs flâmes.

LE G. PRESTRE.

Pour confirmer vos sermens solemnels,
Offrez la Coupe aux Immortels.

SCENE TROISIÉME.

Les Acteurs de la Scene précedente.

CREUSE, arrête IDAS lorsqu'il veut boire la Coupe.

AH ! malgré tes forfaits tu m'es trop cher... Arrête..
IDAS.
Quoy ! vous voulez troubler le bonheur qu'on m'aprête.
CREUSE.
Je n'y puis consentir : Non vous ne mourrez pas.
IDAS.
Qu'entens-je ! qu'ay-je à craindre...
CREUSE.
Interdite, tremblante.
Ah ! je crois voir en vous un Dieu qui m'épouvante
Malheureuse ! J'ay crû vouloir vôtre trépas.

Elle jette la Coupe.

IDAS.
O Ciel ! que faites-vous !
CREUSE.
Dieux ! seroit-il mon frere ?
D'où vient que son peril étonne ma colere ?

O Promesses des Dieux ! O funestes transports !
Amour d'un Fils qu'en vain j'ay cherché sur ces bords,
Que me faisiez-vous entreprendre ?

TRAGEDIE.

ERECTE'E, & IDAS.

Un Fils!.. que dites-vous?...

CREUSE.

      Objet de mes amours,
Apollon, qui du Ciel ne daignes plus m'entendre,
C'est ton Fils & le mien qu'icy tu dois me rendre,
C'est à luy que d'Idas j'eusse immolé les jours.

CHOEUR.

Quels bruits! Quels feux! Quels éclairs!
Quel Dieu paroît dans les airs?

ERECTE'E, à CREUSE.

Ta fureur demandoit mon fils pour sa victime,
Aux yeux d'un Dieu vangeur tu la vas expier.

CREUSE.

Ah! je vois Appollon.

ERECTE'E.

      Il va punir ton crime.

CREUSE.

Non, il va me justifier.

CREUSE;

SCENE DERNIERE.

APOLLON dans son Char, & les Acteurs
de la Scene précedente.

APOLLON.

CReuse, dans ce jour que vos plaintes finissent.
Le sort, qui sur les Dieux ne sçauroit attenter,
Aime à les persecuter
Dans les Objets qu'ils cherissent.

Je vous rends un Fils, un Heros.
Erectée, à ses loix il faut soûmettre Athénes ;
C'est ton sang & le mien qui coulent dans ses veines,
N'atten plus d'autre Fils, il est mort dans les flots.

Amants, vivez heureux dans une paix profonde.
J'ay sçû punir Phorbas, il ne voit plus le jour.
La Gloire & les Plaisirs vous suivront tour à tour,
Donnez des loix à tout le monde,
N'en recevez que de l'Amour.

CREUSE, à IDAS.

Ah ! mon fils, c'est donc vous
Que je servois contre vous-même.

IDAS.

Vous ma mere ! O destin suprême,
J'oublie à ce prix ton courroux.

TRAGEDIE.

CREUSE, à Idas, & à Ismenide.

Le Ciel couronne enfin nos vœux,
L'Hymen va vous unir de ses plus tendres nœuds.

CHOEUR.

Amants, vivez heureux dans une paix profonde.
J'ay sçû punir Phorbas, il ne voit plus le jour.
La Gloire & les Plaisirs vous suivront tour à tour,
Donnez des loix à tout le monde,
N'en recevez que de l'Amour.

FIN DU Vᵐᵉ**. ET DERNIER ACTE.**

PRIVILEGE GENERAL.

LOUIS PAR LA GRACE DE DIEU, ROY DE FRANCE ET DE NAVARRE, à nos amez & feaux Conseillers, les Gens tenant nos Cours de Parlement, Maîtres des Requêtes ordinaires de nôtre Hôtel, Grand Conseil, Prévôt de Paris, Baillifs, Senéchaux, leurs Lieutenants Civils, & autres nos Justiciers qu'il appartiendra, SALUT: Le Sieur GUYENET, nôtre Conseiller-Tresorier-General-Receveur & Payeur des Rentes de l'Hôtel de nôtre bonne Ville de Paris, Nous a fait remontrer qu'ayant obtenu de Nous le Privilege de faire representer les OPERA durant le temps de dix années, à compter du premier Mars 1709. Il auroit depuis acquis les Privileges que Nous avions cy devant accordez aux Sieurs de Francini, de Lully fils, & Ballard, pour l'impression desdits OPERA, lesquels il desireroit donner au Public, s'il Nous plaisoit luy accorder nos Lettres de Privilege sur ce necessaires. A CES CAUSES, desirant favorablement traiter l'Exposant, attendu les grandes dépenses qu'il convient faire, tant pour l'Impression que pour la Gravure en Taille-douce des Planches dont ce Livre sera orné. Nous luy avons permis & permettons par ces présentes de faire imprimer & graver les PAROLES, ET LA MUSIQUE DE TOUS LESDITS OPERA QUI ONT ETE', OU QUI SERONT REPRESENTEZ PAR L'ACADEMIE ROYALE DE MUSIQUE, tant separement, que conjointement, en telle forme, marge, caractere, nombre de Volumes, & de fois que bon luy semblera, & de les faire vendre & debiter par tout nôtre Royaume, pendant le temps de dix années consecutives, à compter du jour de la datte desdites présentes. FAISONS D'DEFENSES à toutes personnes de quelque qualité & condition qu'elles puissent être, d'en introduire d'impression étrangere, dans aucun lieu de nôtre obeïssance; Et à tous Imprimeurs, Libraires, Graveurs, & autres, d'Imprimer, faire Imprimer, vendre, faire vendre, debiter, ny contrefaire lesdites Impressions, Planches & Figures, en tout ny en partie, sans la permission expresse & par écrit dudit Sieur Exposant, ou de ceux qui auront Droit de luy, à peine de confiscation des Exemplaires contrefaits, de six mil livres d'amende contre chacun des contrevenants; dont un tiers à Nous, un tiers à l'Hôtel-Dieu de Paris, l'autre tiers audit Sieur Exposant, & de tous dépens, dommages & interests: à la charge que ces présentes seront Enregistrées tout au long sur le Registre de la Communauté des Imprimeurs & Libraires de Paris, & ce dans trois mois de la datte d'icelles; Que la Gravure & Impression desdits Opera, sera faite dans nôtre Royaume, & non ailleurs, en bon Papier & en beaux Caracteres conformement aux Reglements de la Librairie; & qu'avant que de les exposer en vente; il en sera mis deux Exemplaires dans nôtre Bibliotheque publique, un dans celle de nôtre Château du Louvre, & un dans celle de nôtre tres-cher & feal Chevalier Chancellier de France le Sieur Phelypeaux, Comte de Pontchartrain, Commandeur de nos Ordres; le tout à peine de nullité des présentes: du contenu desquelles, vous mandons & enjoignons de faire joüir ledit Sieur Exposant, ou ses Ayants cause, pleinement & paisiblement, sans souffrir qu'il leur soit fait aucun trouble ou empêchement. VOULONS que la copie desdites présentes, qui sera imprimée, au commencement ou à la fin desdits Opera, soit tenuë pour duëment signifiée, & qu'aux copies collationnées, par l'un de nos amez & feaux Conseillers & Secretaires, foy soit ajoutée comme à l'Original. COMMANDONS au premier nôtre Huissier ou Sergent, de faire pour l'exécution d'icelles, tous Actes requis & necessaires, sans demander autre permission, & nonobstant Clameur de Haro, Charte Normande, & Lettres à ce contraires: Car tel est nôtre plaisir. DONNE' à Paris le vingt-deuxiéme jour de Juin, l'An de grace 1709. Et de nôtre Regne, le soixante-septiéme. Par le ROY, en son Conseil. Signé, LE COMTE, avec Paraphe, & scellé.

J'ay cedé à Monsieur *Ballard*, seul Imprimeur du Roy pour la Musique, le present Privilege, suivant le Traité fait avec luy le 19e. jour d'Avril 1709. A Paris ce 12. Juillet 1709. Signé, GUYENET.

Registré sur le Registre N. 2. *de la Communauté des Imprimeurs & Libraires de Paris*, page 461. No. 901. *& 902. conformément aux Reglements, & nottamment à l'Arrest du Conseil du* 13. *Aoust* 1703. A Paris de 12. Juillet 1709. Signé L. SEVESTRE, Syndic.

www.ingramcontent.com/pod-product-compliance
Lightning Source LLC
LaVergne TN
LVHW022125080426
835511LV00007B/1038